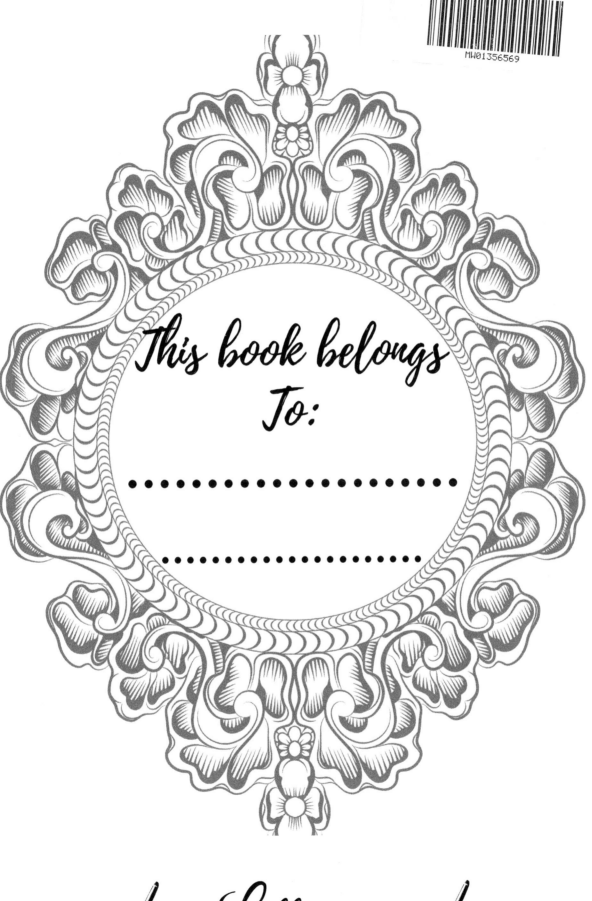

Lettering

B
BALL

B B B

b b b

✒ *Lettering* ✒

CAT

C C C

c c c

Lettering

D
DOG

D D D

d d d

Lettering

E E E

e e e

Lettering

F

FISH

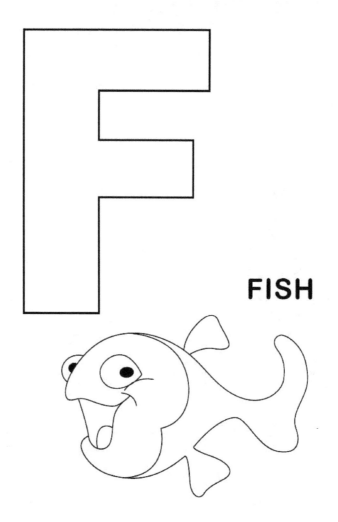

F F F

f f f

Lettering

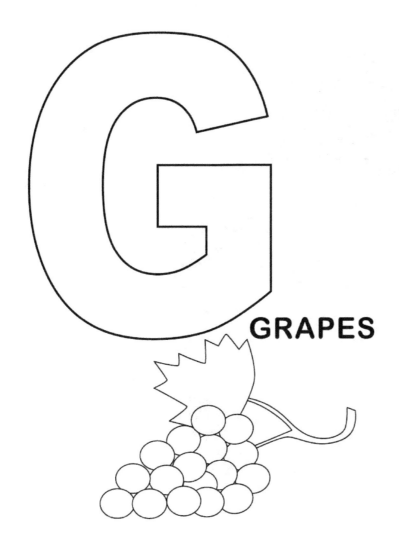

G
GRAPES

G G G

g g g

Lettering

H
Hamster

H H H

h h h

Lettering

ICE-CREAM

Lettering

J J J

j j j

Lettering

Koala

K K K

k k k

Lettering

Lion

Lettering

M

Monkey

M M M

m m m

✎ *Lettering* ✎

N
NEST

N N N

n n n

Lettering

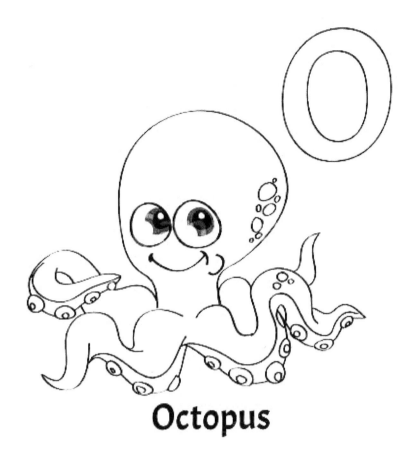

Octopus

Lettering

P

PIG

P p p

p p p

Lettering

q

Quail

Q Q Q

q q q

Lettering

R

Rhinoceros

Rose

R R R

r r r

Lettering

S

SHIP

S S S
_____

_____

s s s
_____

_____

Lettering

Tiger

T T T

t t t

Lettering

Unicorn

U U U

U U U

Lettering

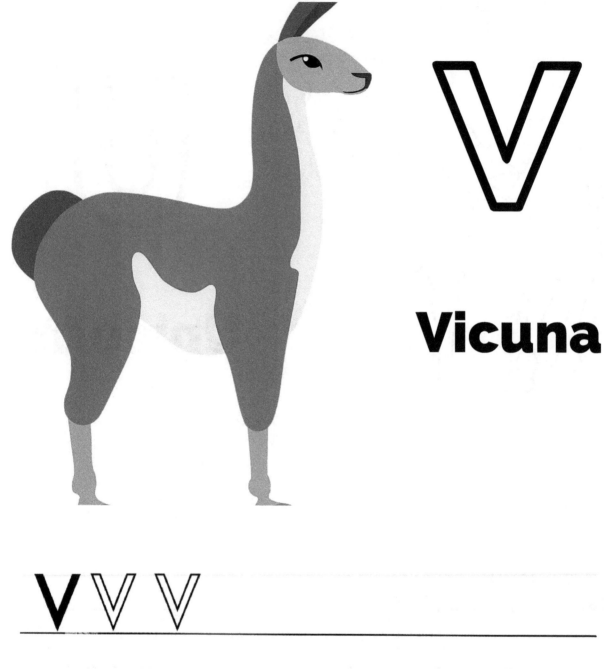

V

Vicuna

V V V

V V V

Lettering

WHALE

W w w

w w w

✎ *Lettering* ✎

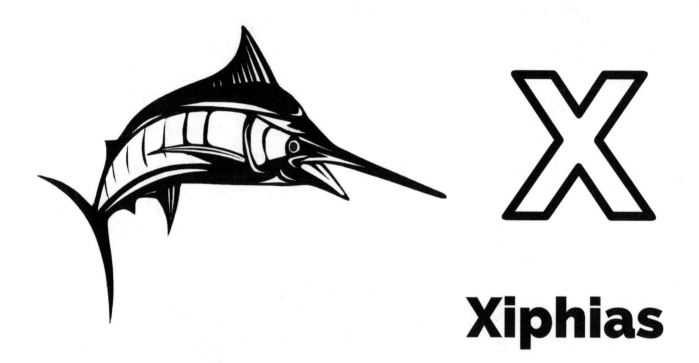

X

Xiphias

X X X

x x x

Lettering

YAK

Y Y Y

Y y y

Lettering

Z

zebra

Z Z Z

z z z

Lettering

A A A

a a a

B B B

b b b

C C C

c c c

Lettering

D D D

d d d

E E E

e e e

F F F

f f f

Lettering

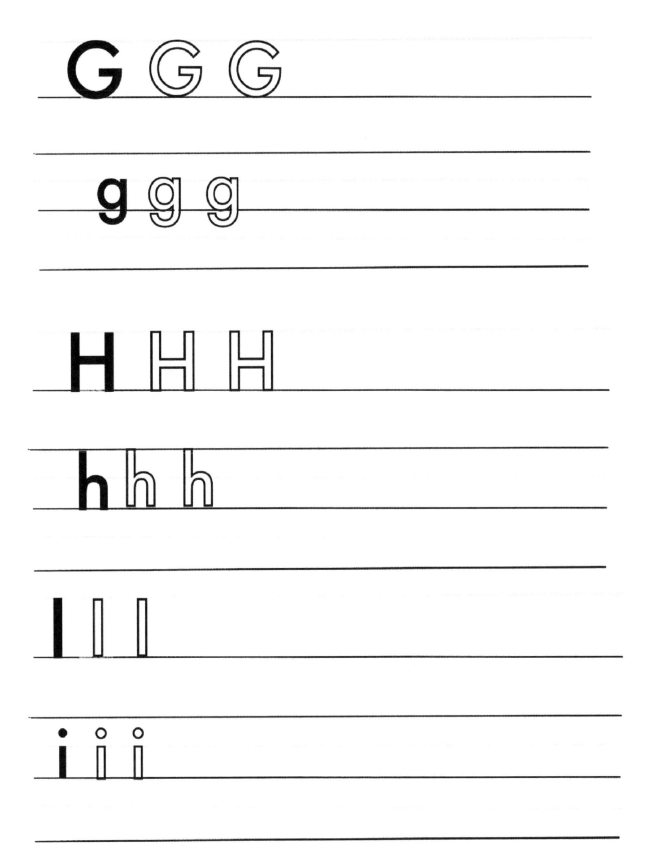

J J J

j j j

K K K

k k k

L L L

l l l

Lettering

M M M

m m m

N N N

n n n

O O O

o o o

Lettering

P P P

p p p

Q Q Q

q q q

R R R

r r r

Lettering

S S S

s s s

T T T

t t t

U U U

u u u

Lettering

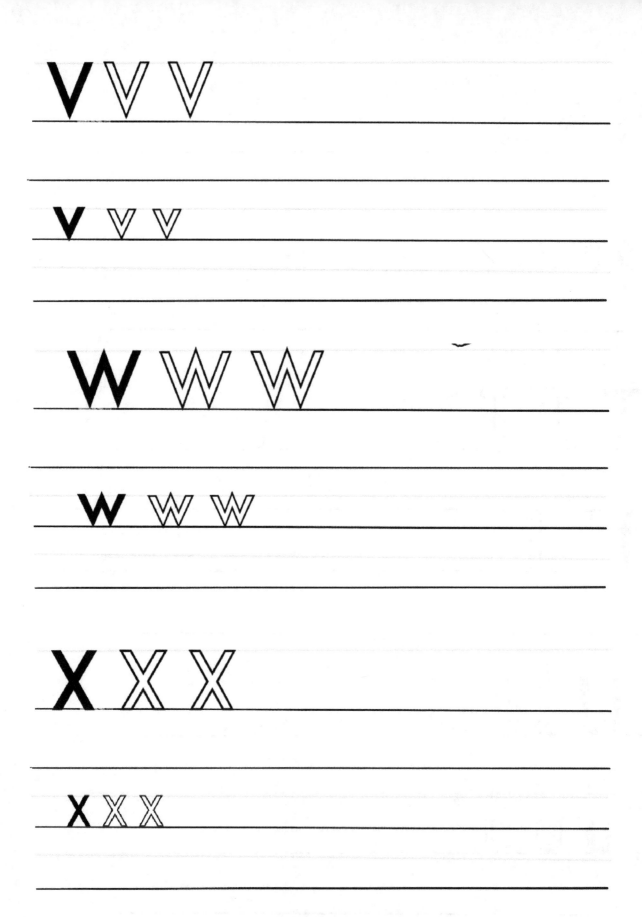

Y Y Y

y y y

Z Z Z

z z z

Lettering

Numbers

Lettering

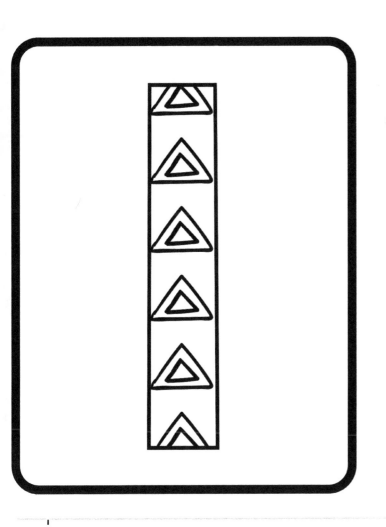

One

Lettering

1
one

Lettering

Lettering

 # Two
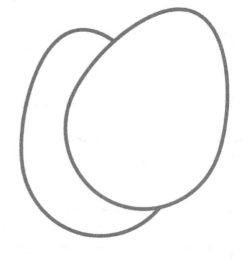

2

Lettering

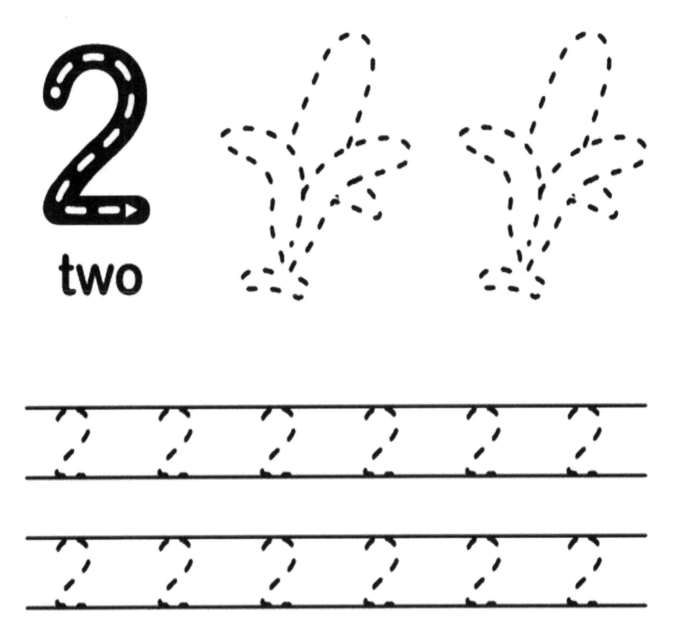

Lettering

Three

3

Lettering

3
three

3 3 3 3 3 3

3 3 3 3 3 3

Lettering

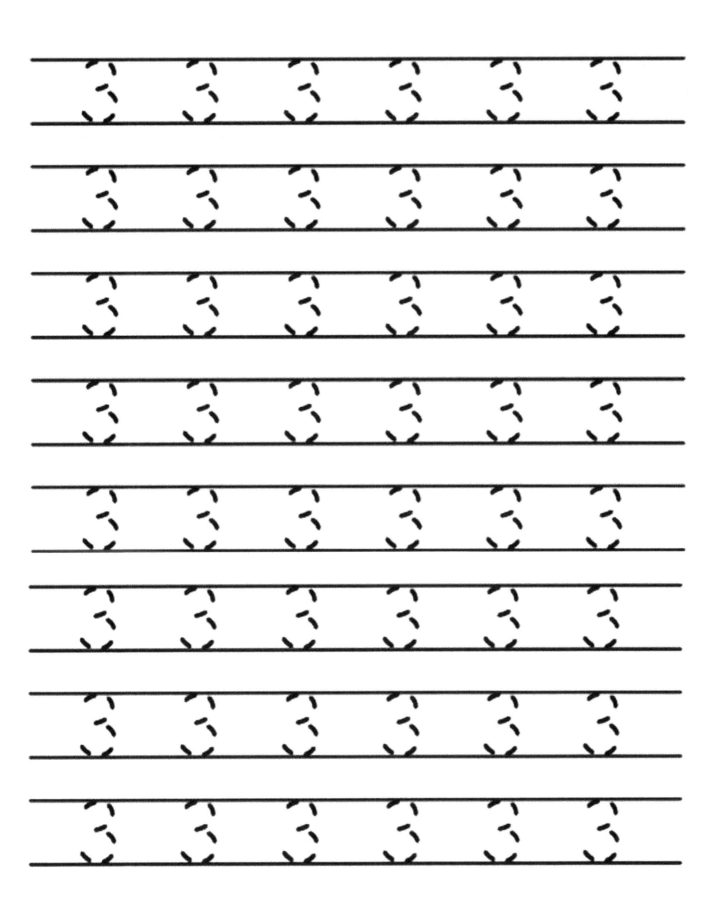

 # Four

4

Lettering

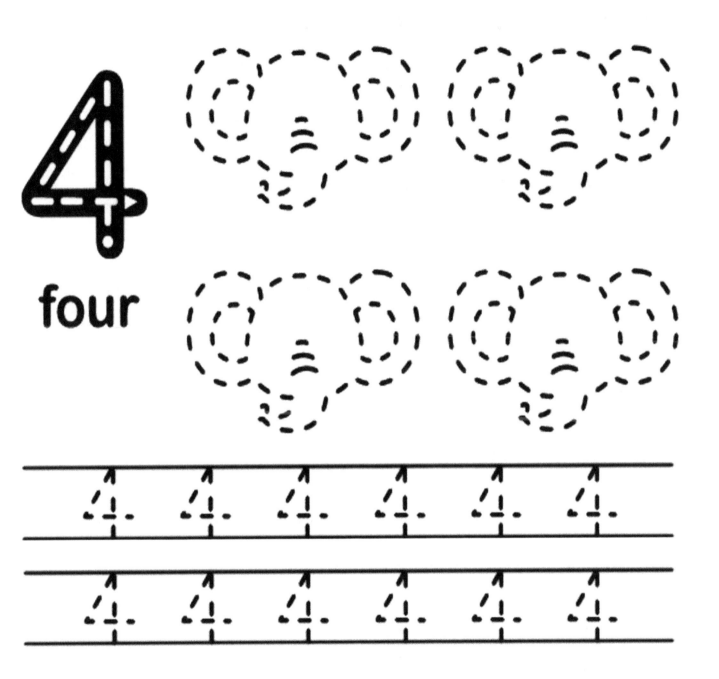

Lettering

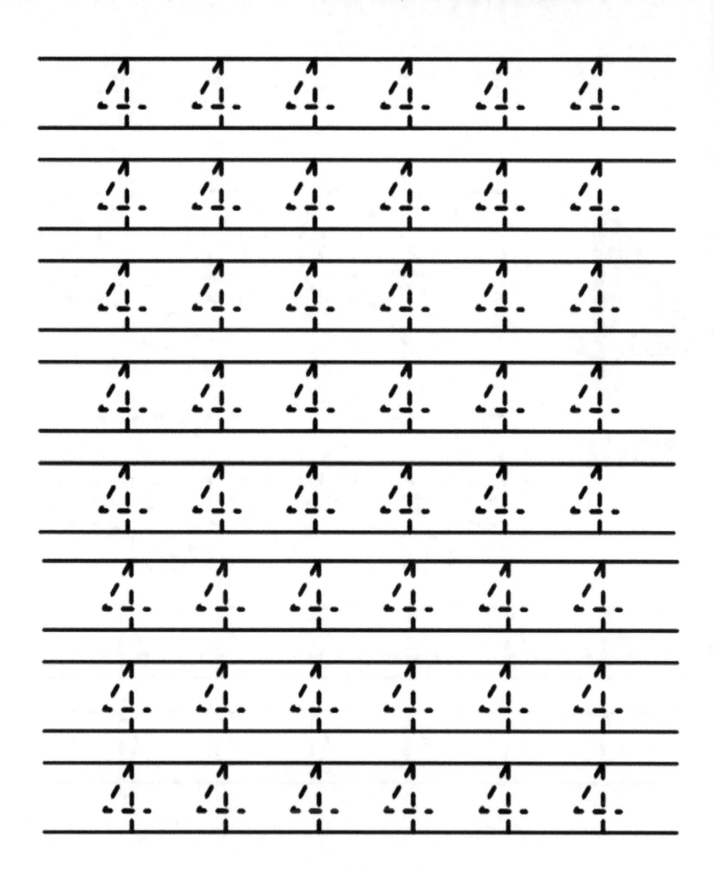

Lettering

Five

Lettering

5 five

Lettering

Lettering

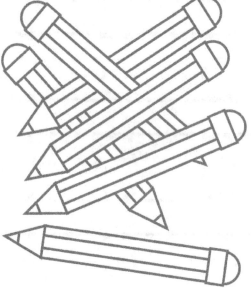

Lettering

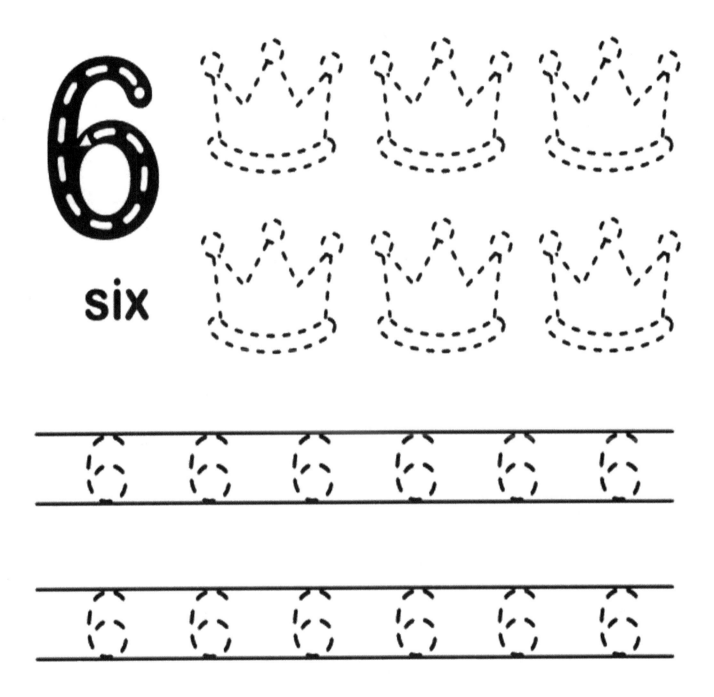

Lettering

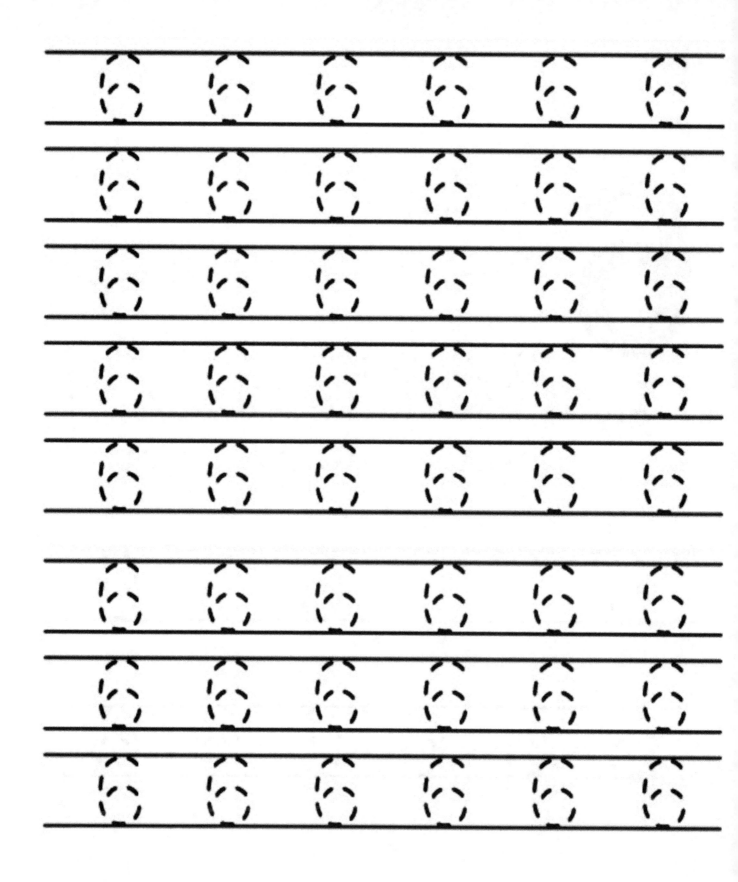

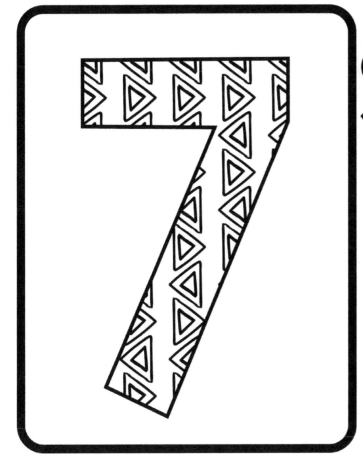# Seven

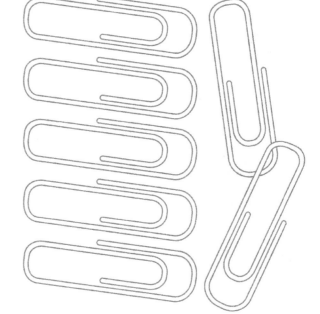

7

Lettering

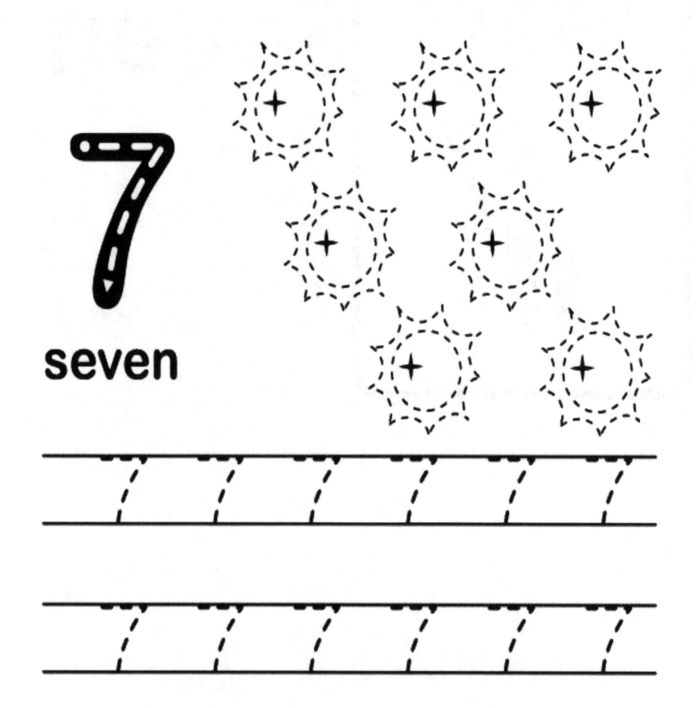

Lettering

Lettering

# Eight

Lettering

8

eight

Lettering

Lettering

Lettering

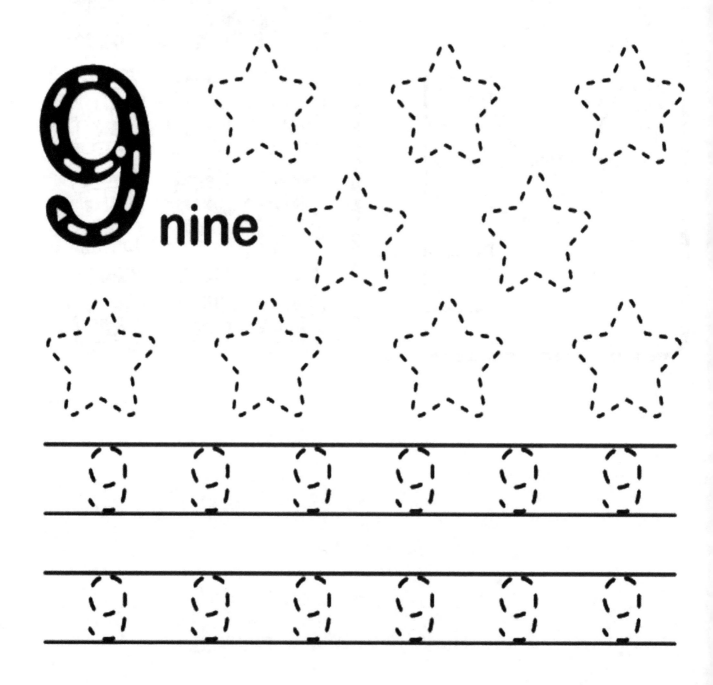

Lettering

Lettering

Ten

10

10

Lettering

Eleven

Lettering

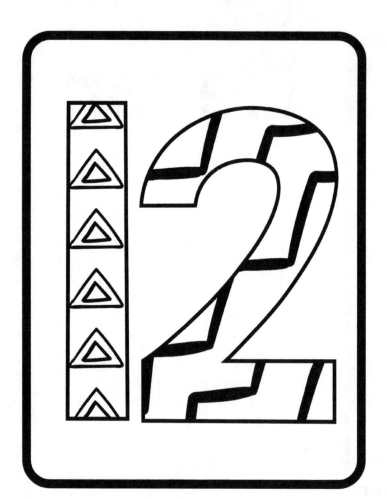

Twelve

12

12

Lettering

Thirteen

13

13

Lettering

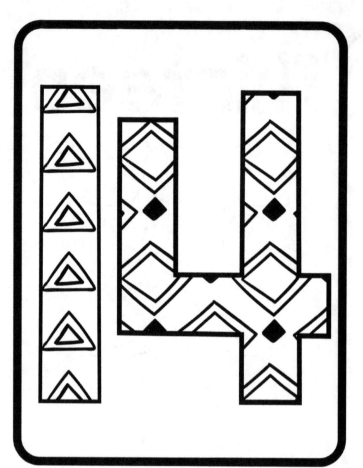

Fourteen

Lettering

Fifteen

15

15

Lettering

Sixteen

16

16

Lettering

Seventeen

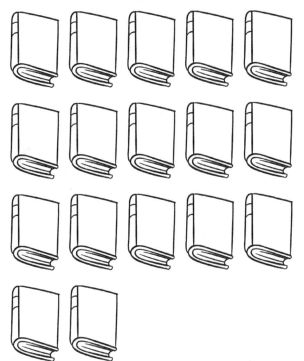

Lettering

Eighteen

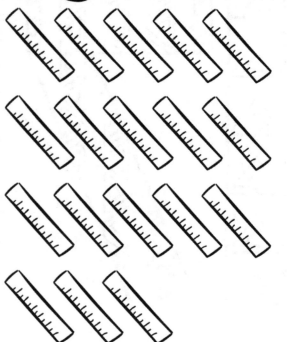

Lettering

 # Nineteen

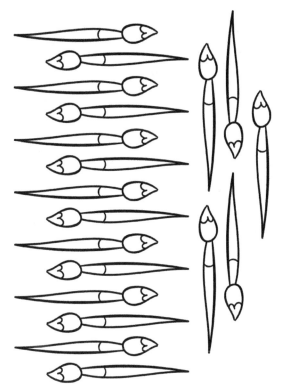

19

19

Lettering

Twenty

20

20

Lettering

Lettering

www.ingramcontent.com/pod-product-compliance
Lightning Source LLC
LaVergne TN
LVHW071500301224
800236LV00015B/974